Marie-Jo [illegible]
Carole C[illegible]

# ABCD
# RTééaire

Eliart

Marc Chagall 938-

comme…

# Amour

Qui a peint ces amoureux ?
La tour Eiffel en bleu ?
Une chèvre-violon
Qui chante des louanges,
Perchée dans les airs ?
Et tous ces petits anges
Qui jouent les papillons,
La tête à l'envers ?
Le peintre de ces noces
A même peint un coq blanc
En guise de carrosse…
Adieu basse-cour et vieux clochers
Et vive les mariés !
Ils partent en voyage
Dans le soleil couchant
Sur son joli plumage !

comme…

# Ballon

C'est l'heure chaude de la sieste,
À l'ombre, les dames se promènent.
Une fillette joue en solitaire ;
Elle court, elle court à perdre haleine.
Traversant la cour comme l'éclair,
En soulevant de la poussière,
Elle file, file sur ses gambettes.
Elle veut rattraper son ballon
Emporté par un courant d'air
Qui rebondit, -dit vers les buissons.

comme...

# CIRQUE

Sous le grand chapiteau,
La danseuse en jaune s'agite
Debout en équilibre
Sur son cheval au galop.

La bravoure des gens du cirque
Mérite bien quelques bravos !
Tirons-leur un coup de chapeau
Car ils prennent bien des risques...

« À mon tour ! »
Crie le clown à l'acrobate.
Le guignol en bord de piste
Étire le rideau
Impatient que les autres artistes
Aient fini leur numéro...

comme...

# DANSE

Bienvenue au Moulin Rouge
Où l'on danse, où l'on danse,
Dans ce cabaret géant
On y passe du bon temps.
C'est sur la scène que ça bouge,
Quand on danse, quand on danse,
Le quadrille en balançant
Les guibolles à chaque temps.

Avec les mains sur les hanches,
En retenant son jupon,
Ça se danse, ça se danse,
Un coup d'talon sur les planches,
Puis lancé jusqu'au plafond.

MOULIN ROUGE
MOULIN ROUGE
MOULIN ROUGE
CONCERT
BAL
TOUS Les SOIRS
LA GOULUE
TOUS LES SOIRS
MOULIN ROUGE
Mercredis et Samedis

comme...

# ÉTÉ

Tu peux mettre ta veste au placard,
L'été ne sera pas en retard !
Lorsque tu le verras,
C'est sûr, tu le reconnaîtras.

C'est un bonhomme avec la figure en légumes,
Et tout plein de fruits de la saison.
Il est coiffé de raisins, mûres,
Et a des cerises sur son front.

Il porte un bel habit de blé,
Il est joufflu comme un brugnon.
Il a un cornichon en guise de nez,
Et aussi une poire à la place du menton.

Tu pourras dire sans te tromper :
Monsieur L'Été est arrivé !

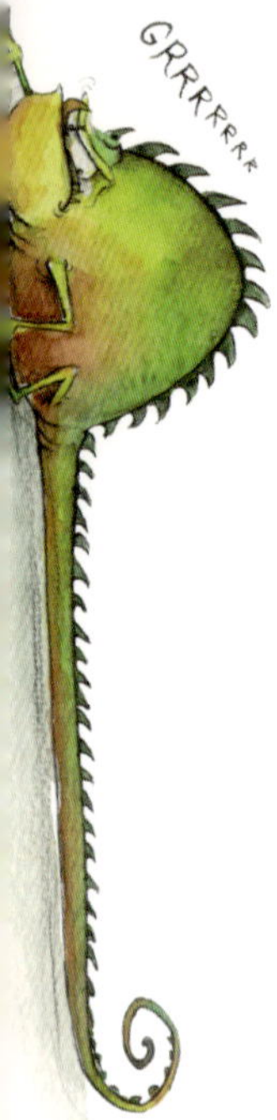

comme…

# Fauve

La chasse est ouverte
Dans la jungle verte.
Un chasseur habile
Va d'un pas tranquille.
Soudain hors du taillis
Au pied de son fusil,
Une énorme crinière
Écarte les fougères.
L'homme perd son courage
Car la bête sauvage
Dans un rugissement
Lui montre bien ses dents.
« Comment faire mouche
Avec une seule cartouche ?
PAN ! Mince ! Râté !
Il va me dévorer… »

comme...

# GARGOUILLE

Se tenant raide et fière,
Hissée sur son perchoir,
Une créature de pierre
Regarde s'il va pleuvoir.

Il fait beau, aujourd'hui…
Mais la vieille gargouille
Qui crache de l'eau de pluie,
Aime que la ville se mouille,
Et cherche les nuages gris
Dans le ciel de Paris !

Du haut de Notre-Dame
Depuis bien huit cents ans,
Elle ne lance pas de flammes,
Mais lorgne la Capitale
Et arrose les passants
Aux pieds de la cathédrale.

comme...

# Hippopotame

As-tu déjà vu
Un hippopotame aussi dodu ?
Il a sur sa joue un nénuphar
Qui le chatouille, le rigolard !
Il a passé tellement d'années
À patauger dans le marais,
Qu'il a plein de feuilles collées
Sur sa peau bleu turquoise émaillée.
Et un petit oiseau du Nil,
Attiré par toutes ces brindilles,
S'est approché pour picorer
Sur l'hippopotame potelé.

comme...

## INSECTE

Je suis la belle demoiselle
Qui rase l'eau avec ses ailes.
Bien sûr, elles sont un peu fragiles
Mais grâce à elles, je suis agile.
J'ai beau être toute minuscule,
Je suis la reine des marais,
La gracieuse femme-libellule
Qui fait rêver le bijoutier.

comme…

# Jardin

C'est à un peintre jardinier
Qu'on doit ce merveilleux endroit.
Sur un charmant pont de bois,
Les branches d'un saule ploient
Et tombent en guirlandes dorées.
Leurs fines feuilles vont chatouiller
Bambous, iris et longs roseaux
Qui ont les pieds dans le ruisseau.
Avec la brise, les glycines
Ont des reflets bleu argenté
Qui se mirent dans cette piscine
Millefleurs de nymphéas tapissée.

comme...

# KIMONO

Une geisha un peu pressée
Servait le thé aux invités...
Elle était toute bien mise,
Avec sa bouche rouge cerise.
Elle s'était même poudrée le front,
Et coiffée d'un joli chignon.

Exprès pour la cérémonie,
Elle portait un très bel habit,
C'était un kimono trop long
Qui entrava ses p'tits chaussons.

Patatras ! Les quat' fers en l'air !
Et la dînette tomba par terre,
Tandis que la pauvre Japonaise
Se trouva soudain mal à l'aise
Dans son kimono bien trop long
Tout trempé de chaude boisson.

comme…

# Licorne

Jadis un lion et une licorne,
D'une fidélité sans bornes,
Gardaient une jolie princesse
En échange de ses caresses.
« Que faites-vous de deux gardiens ?
Le lion seul vous suffirait bien… »
Dit, un jour, un prince jaloux
Voulant conclure un marché fou.
« Acceptez donc que je vous prenne
Cette licorne qui vous gêne,
En échange de ce coffret
Que ma servante vous remet. »
Il était rempli de cailloux
Imitant l'or et les bijoux !
Cela mit de mauvaise humeur
La jolie dame au noble cœur.
Et la licorne fantastique,
D'un seul coup de corne magique,
Renvoya vers d'autres contrées
La servante et son coffret.

MON SEVL DESIR

magritte

comme…

# Mystère

Petit cours de magie :
Prenez un parapluie,
Un parapluie tout noir
Comme une chauve-souris.
Prenez aussi un verre,
Remplissez-le d'eau claire.
Ouvrez le parapluie,
Puis mettez-le en l'air,
Redressé comme un i
Sans qu'il touche par terre.
Et bien, à votre avis,
Si l'on pose le verre…
Y aura-t-il de la pluie,
Aujourd'hui ?
Mystère, mystère…

comme…

# Nuit

Les marins sont au port :
La ville d'Arles dort.
Au bord, des lampadaires
Font scintiller la mer.
De la voûte bleu nuit,
Des étoiles, en pluie,
Dégringolent dans l'eau.
Mais leur tournant le dos
Deux badauds sur la plage,
Hélas, indifférents
Au spectacle charmant,
Cherchent des coquillages.

comme...

# Œuf

Cet énorme œuf blanc
Était le domicile
D'un gros poussin géant.
Un jour il s'envola,
Et la vide coquille
Abandonnée par terre
Alors se transforma
En salle de concert.

Savez-vous donc pourquoi ?
De drôles de musiciens,
Trouvant qu'en cet endroit
Leurs chants résonnaient bien,
Se sont assis dedans
Et ont chanté gaiement :
« Qui s'en va à la chasse
Tra-la-la, perd sa place ! »

comme…

# PYRAMIDE

Ho ! Hisse ! Ho ! Hisse !
Le pharaon a ordonné :
« Bâtissez une pyramide,
Avec les côtés très lisses,
Et bien pointue à son sommet.
Le chantier doit être rapide !
Car un jour je reposerai
En paix, au fond de la pyramide,
Avec mes trésors secrets. »

Mais les momies des Égyptiens
Ne peuvent plus rester tranquilles,
Car dans le désert du Nil,
C'est toujours le va-et-vient
Au pied des édifices antiques :
Les monuments pharaoniques
Attirent les foules touristiques !

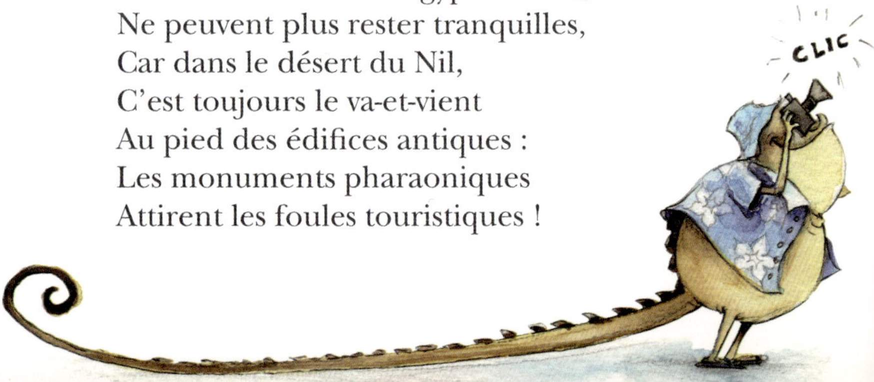

comme...

# Question

Mais où est donc Ulysse ?
Sa belle épouse tisse
Du matin jusqu'au soir,
Espérant le revoir.

Cela fait des années
Que Pénélope attend ;
Mais son valeureux mari
Guerroie aux quatre vents.

Elle se dit qu'un matin,
Son voyage prendra fin
Et Ulysse reviendra
La serrer dans ses bras.

comme…

# RÊVE

Au milieu de la nuit,
Des sabots font du bruit.
Soudain dans mon rêve,
Un cheval surgit.
Une précieuse selle
Est attachée à lui.
Par-dessus, sa crinière,
Soigneusement tressée,
Retombe en mèches claires
Sur sa robe nacrée.
Comme il a fière allure
Cet étalon princier !
Or la noble monture
N'a pas de cavalier.
Tout à coup, se cabrant,
Le cheval s'est tourné,
Et m'a dit, impatient,
« Qu'attends-tu pour monter ? »

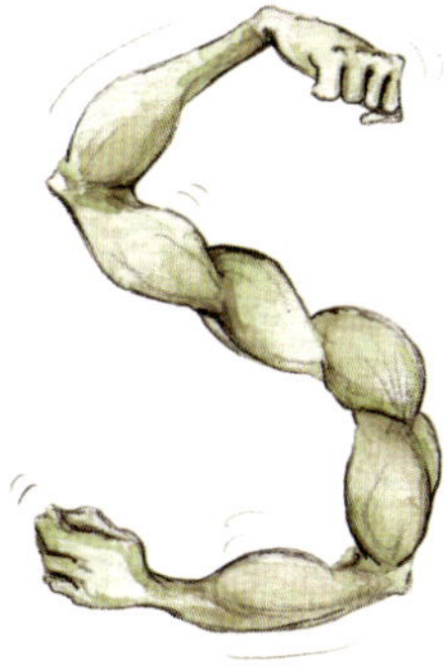

comme…

## Sportif

Admirez bien l'allure,
De ce champion sportif gâté par la nature…

Dans le stade olympique,
L'athlète est concentré, et tient serré son disque.

Fléchissant les genoux,
Il s'élance sur la piste, et dans un élan fou,

Pulvérise le record
Du monde antique et gagne la médaille d'or !

comme...

# TUTU

Trois pas de deux,
Deux entrechats,
La danseuse étoile,
Comme une toupie,
Dans son tutu,
Tournoie.
Une dernière arabesque,
Elle salue son public
Et ramasse le bouquet,
Lancé devant la scène,
Pour la récompenser.
Encore un demi-tour,
Et puis voilà,
La vedette du ballet,
Sur la pointe des pieds,
S'en va.

comme…

# Usine

Faire marcher ma cervelle
Pour résoudre des équations,
C'est pas franchement mon rayon…
Mais quand on va à l'usine
Pour visser les gros boulons,
Il faut des muscles en béton !
J'donne des coups de manivelle,
Et j'fais rouler les turbines,
C'est moi le prince des mécanos,
L'as de la pince et du marteau !

comme…

# VACANCES

Petits pâtés de sable,
Salades aux coquillages,
Châteaux du Moyen Âge…
Comme tous les étés,
Les joyeux vacanciers
S'amusent dans le sable.
Mais quand la marée passe
Sur leur terrain de jeux
Faire un peu de ménage,
Elle efface leurs traces
En remouillant un peu
Le sable de la plage.

comme...

# Wagon

Ils étaient voués à la casse,
Ces vieux trains tout démodés.
Mais des tagueurs pleins d'audace
Ont bien voulu les maquiller
Pour leur faire une p'tite beauté.
Et quand ils sortirent du hangar,
Complètement relookés,
Personne, pas même le chef de gare,
Ne reconnut à leur passage
Ces jolis wagons chamarrés.
Et, se laissant photographier,
Ils ont fait un dernier voyage
Pour filer tout droit au musée !

comme…

# Inconnue

**L**es visiteurs viennent tour à tour
**A**dmirer son sourire charmeur…

**J**amais, d'un tel regard glamour,
**O**n n'a compté tant d'amateurs.
**C**élèbre à travers le monde
**O**n l'a surnommée : la Joconde.
**N**ul ne connaît vraiment la vie
**D**e cette dame dont le portrait,
**E**st le chef-d'œuvre d'un génie.

comme...

# YEUX

Il a le regard pas clair
Avec ses yeux de travers.
Une barbe effilochée,
Comme un étrange collier.
Aïe ! Aïe ! Aïe ! T'as la frousse
De te faire ensorceler
Par ce curieux masque en bois
Sorti tout droit de la brousse.
Pas le temps de deviner
Qui derrière s'est caché !
Vite, vite, sauve-toi !
C'est la fête des sorciers.

comme...

## Zigzag

A-t-on voulu faire une blague
En créant cette chaise en zigzag ?
Elle n'est pas faite pour un derrière,
Avec sa forme biscornue !
Elle ne paraît pas d'équerre...
Peut-on vraiment s'asseoir dessus
Sans risquer d'être tout tordu ?

MNO
STU
XYZ

# Crédits photographiques

**Marc Chagall**, *Les Mariés de la tour Eiffel (Les Fiancés de la tour Eiffel)*, 1938-1939.
Huile sur toile de lin, 150 x 136,5 cm.
Musée national d'Art moderne – Centre Georges-Pompidou, Paris.
© Centre Pompidou, MNAM-CCI, Dist. RMN-Grand Palais / Philippe Migeat
© Adagp, Paris 2013

**Félix Vallotton**, *Le Ballon (Coin de parc avec enfant)*, 1899.
Huile sur carton marouflé sur bois, 49,2 x 62 cm.
Musée d'Orsay, Paris.
© Giraudon/ The Bridgeman Art Library

**Georges Seurat**, *Le Cirque*, 1891.
Huile sur toile, 186 x 152 cm.
Musée d'Orsay, Paris.
© Giraudon/ The Bridgeman Art Library

**Henri de Toulouse-Lautrec**, *Moulin Rouge*, 1891 (détail).
Lithographie.
Musée de la Publicité, Paris.
© Giraudon/ The Bridgeman Art Library

**Giuseppe Arcimboldo**, *L'Été*, 1573 (détail).
Huile sur toile, 76 x 64 cm.
Musée du Louvre, Paris.
© Giraudon/ The Bridgeman Art Library

**Le Douanier Rousseau (Henri Rousseau)**, *La Chasse au lion*, vers 1900-1907.
Collection particulière.
© akg-images

**Eugène Viollet-le-Duc**, *Le Diable de Notre-Dame*, copie d'un original du XIIe siècle.
Cathédrale Notre-Dame de Paris, Paris.
© Tramont_ana

**Antiquité égyptienne**, *Hippopotame*, Moyen Empire, 2033-1710 av. J.-C.
Faïence. Collection particulière.
© Werner Forman Archive/ The Bridgeman Art Library

**Jules-René Lalique**, *Ornement de corsage « Femme-Libellule »*, 1897-1898. Or, émail, chrysoprase, diamants et pierres de lune, 23 x 26,5 cm.
Museu Calouste Gulbenkian, Lisbonne.
Photo Carlos Azevedo © 2013. The Calouste Gulbenkian Foundation/ Scala, Florence
© Adagp, Paris 2013

**Claude Monet**, *Le Bassin aux nymphéas*, 1899 (détail).
Huile sur toile, 88,3 x 93,1 cm.
The National Gallery, Londres.

**Kitagawa Utamaro**, *Naniwaya Okita*, 1793.
Gravure sur bois.
Collection particulière.

*Tenture de la Dame à la licorne : À mon Seul Désir*,
le *Sixième Sens* ou *L'Entendement*, 1484-1500.
Tapisserie, laine et soie, 377 x 473 cm.
Musée national du Moyen Âge – Thermes de Cluny, Paris.

**René Magritte**, *Les Vacances de Hegel*, 1958.
Huile sur toile, 60 x 50 cm. Collection particulière.

**Vincent van Gogh**, *Nuit étoilée sur le Rhône*, 1888 (détail).
Huile sur toile, 73 x 92 cm.
Musée d'Orsay, Paris.

D'après **Hieronimus Bosch** (original perdu),
*Le Concert dans l'œuf*, vers 1561.
Huile sur toile, 108,5 x 126,5 cm. Musée des Beaux-Arts, Lille.

**Antiquité égyptienne**, *La Pyramide de Khephren*,
Ancien Empire, 2700-2200 av. J.-C.
Gizeh, Egypte.

**Antiquité grecque**, *Pénélope et Ulysse*, vers 450 av. J.-C
Terre cuite, 15,7 x 18,7 cm.
Musée du Louvre, Paris.

**Théodore Géricault**, *Cheval cabré au tapis de selle rouge*,
dit aussi *Tamerlan, le cheval de l'Empereur*, 1812-1816 (détail).
Huile sur toile, 45,5 x 37,5 cm.
Musée des Beaux-Arts, Rouen.

D'après **Myron** (original en bronze détruit), *Le Discobole*,
vers 470-440 av. J.-C. Marbre, h.: 170 cm.
The British Museum, Londres.

© Ancient Art and Architecture Collection Ltd./ The Bridgeman Art Library

**Edgar Degas**, *Fin d'arabesque*, 1877 (détail).
Peinture à l'huile et à l'essence, pastel sur toile.
Musée d'Orsay, Paris.

© Giraudon/ The Bridgeman Art Library

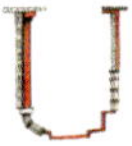

**Fernand Léger**, *Le Mécanicien*, 1920.
Huile sur toile, 116 x 88,8 cm. National Gallery of Art, Ottawa.

© The Bridgeman Art Library
© Adagp, Paris 2013

**Pablo Picasso**, *Baigneuses jouant au ballon*, 1928.
Huile sur toile, 21,7 x 41,2 cm. Musée Picasso, Paris.

© De Agostini Picture Library/ The Bridgeman Art Library
© Succession Picasso 2013

*Vibration*. Graffiti sur train de marchandises.
Photographie par Cora Reed.

© Cora Reed

**Leonardo di ser Piero da Vinci**, dit **Leonardo da Vinci**,
*Portrait de Lisa Gherardini, épouse de Francesco del Giocondo*,
dite *Monna Lisa, la Gioconda* ou la *Joconde*, vers 1503-1506.
Huile sur peuplier, 77 x 53 cm. Musée du Louvre, Paris.

© Giraudon/ The Bridgeman Art Library

*Masque de cérémonie*.
Collection particulière.

© Werner Forman Archive/ The Bridgeman Art Library

**T. Gerrit Rietveld**, *Chaise Zigzag*, 1932-1933.
Orme naturel, 88 x 53 x 77 cm.
Musée national d'Art moderne –
Centre Georges-Pompidou, Paris.

© Centre Pompidou, MNAM-CCI, Dist. RMN-Grand Palais / Jean-Claude Planchet
© Adagp, Paris 2013